mal türkis – mal stachelig

AF280633

Allen meinen
Seelenverwandten

mal türkis

mal stachelig

Gedichte aus dem
alltäglichen Leben

von
Maya Kandlbinder

Titelbild mit freundlicher Genehmigung nach
einem Aquarell von Friedrich Grauf.
Tel.: 0 98 28/3 90

Herstellung und Verlag: Books on Demand GmbH,
Norderstedt
info@bod.de

ISBN: 3-8334-4141-0

Inhalt

VORWORT

Bevor der Computer explodiert
und mein Mann die Nerven verliert,
hab ich ein Büchlein ausstaffiert.
In meinen Reimen kommentiert,
was als Thema interessiert.

Ja, liebe Leserinnen und Leser,
und nun halten Sie mein zweites „Werk" in Händen.
Ich kann es einfach nicht lassen zu dichten, mit den
Worten zu jonglieren, wie andere Leute mit Bällen.

Wie mir die Ideen kommen? Das weiß ich auch nicht
so genau. Teils von den Medien, teils eigene Einfälle,
oder besondere Ereignisse. Die Themen schwirren
einfach so, genau wie die Jonglierbälle, in der Luft
herum. Ich fange sie auf, bedanke mich und mit einer
großen Portion Fantasie entstehen so meine Gedichte.
Bei manchen Themen ist es mir auch wichtig, dass ich
sie einfach mal zu Papier bringe. Andere sind eben
nur schöne „Märchen".

Sind Sie neugierig geworden? Fangen Sie doch
einfach an zu lesen.
Ich würde mich freuen, Ihr Interesse geweckt zu
haben!

In diesem Sinne wünsche ich Ihnen etwas Muse und
ein ruhiges Eckchen zum entspannten Lesen meiner
Gedichte.

Es grüßt Sie freundlich

Ihre

Maya.

<u>**Wicht Eigensinn**</u>

Es war einmal ein Eigensinn,
der fühlte sich allein.
Da dachte er so her und hin,
es könnt´ doch anders sein.

Er fing gleich an zu laufen,
erst langsam Schritt für Schritt,
traf einen Menschenhaufen
und störte seinen Tritt.
Die Menschen waren ahnungslos,
sie hatten nichts gemerkt.
Das fand der Wicht gleich ganz famos
und machte sich ans Werk:
Zu wohnen in den Menschen drin,
um deren Will´ zu lenken.
Doch dieser kleine Eigensinn
vergaß dabei zu denken.
Denn traf er seinen Meister an,
wies der ihm seine Schranken.
Nur bei Bedarf kam er nun dran,
für klügere Gedanken.

Und wenn er nicht gestorben ist,
der kleine Wicht, der Eigensinn,
sorgt er, dass man ihn nicht vergisst,
ganz tief im Menschen drin!

Dackel Poldi

Ach, wie die kleine Welt ihn doch erregt!
Einfach alles, was da kreucht und fleucht,
erst recht noch, wenn es sich bewegt.
Angespannt, den Kopf gebeugt
geht er auf Entdeckungsreise.
Poldi: Krumme Beine, Schlabberohren.
Ein Dackel – und er bellt nicht leise!
Sein Herr wär` ohne ihn verloren.

Heute gehen sie spazieren.
Poldi hat sich schon gefreut.
Doch Herrchen kann nicht richtig führen,
er ist immer so zerstreut.
Wichtiges übersieht er meist.
Poldi zieht noch stärker an der Leine.
Zack – das morsche Stück, es reißt!
-      „Freiheit, ich erscheine!"

Da hilft kein Rufen seines Herrn
und auch kein Befehl!
Der Dackel lässt sich gar nicht stör`n,
ist außerdem zu schnell.
Endlich am Abend kommt er heim
und vor der Haustür bellt er laut,
bis ihn sein Herr lässt wieder rein,
wenn der auch böse schaut.

Poldis Blicke sprechen Bände!
Sein Herr, er sieht ihn wissend an,
wenn er ihm widersteh`n nur könnte.
Was ist an diesem Dackelblick bloß dran?
Und morgen geh`n sie wieder raus,
der Poldi und sein Herr.
Ein jeder weiß es ganz genau:
Bestimmen wird nur „er"!

Rentnergruß

Endlich bekommt man seine Rente,
heiß begehrt und lang ersehnt.
Doch grad diese Lebenswende
ist man nicht so schnell gewöhnt.

Auf jeden Fall hat man jetzt Zeit,
Versäumtes richtig nachzuholen.
Und man macht sich gleich bereit,
baldmöglichst etwas tun zu wollen.

Stütze braucht schon lange der Verein,
man hilft auch gerne seiner Frau.
Zum Nachbarn sagt man selten nein,
das weiß wohl jeder ganz genau.

Nicht zuletzt ist die Familie dran,
sie hat sich's schließlich auch verdient!
Stand sie Jahrzehnte hinten an,
wenn der Vater wieder müd`.

Ja, so ein Rentner hat es schwer,
es doch allen recht zu machen.
Wo nimmt er jetzt die Zeit bloß her?
Da gibt es wirklich nichts zu lachen.

Deshalb ist Folgendes passiert:
Es wurd` der „Rentnergruß" erfunden!
Nun können alle, wenn`s pressiert,
die Pflichten stoppen, gar für Stunden.

Ein Blick, ein kurzer Wink genügen schon
und jeder weiß Bescheid!
Es ist der Rentner liebster Lohn ,
zu spielen mit der Zeit.

<u>**Terror**</u>

Erschüttert der Mensch vor diesem Abgrund steht,
der vor ihm wurde aufgetan.
Von Leuten, die es nicht versteh`n,
dass man es anders machen kann.
Anders, aber wie?
Besser, ohne Blut und Tränen!
Doch sie fragen nie,
unfähig zu versöhnen.

Denn sagen tut es ihnen keiner.
Hat das einen Grund?
Weil der Mächtigen Vereine,
gierig sind nach jedem „Pfund"!

Doch zugegeben wird das nicht,
denn wo käme man da hin!
Soll doch erst mal ein Gericht
beweisen diesen irren Sinn!

Glücklich werden sie geboren,
doch gleich geimpft mit Hass.
Und schon bald sind sie verloren!
War, - ja ist es das?!

Nein! Menschen wollen Brücken bauen
ohne Angst und Zittern.
Sie brauchen dazu viel Vertrauen,
um nicht zu verbittern!

Besser behüten das Leben
und den Hass vergessen!
Einfach in Frieden leben.
Ist das so vermessen?!

Der Lärm

Lärm, Lärm und nichts als Lärm.
Doch keiner stellt ihn ab.
Er dringt vom Ohr bis ins Gedärm
und das nicht mal zu knapp.

Die Jungen dreh`n die Musik auf,
natürlich bis zum „geht nicht mehr".
Der Straßenlärm setzt noch eins drauf,
die Baustelle gibt auch was her.

So hören viele Leute schlecht
und können nichts verstehen.
Doch manchmal ist das grade recht,
es reicht oft schon das Sehen.

Wenn jemand noch gut hören kann,
muss das ein jeder wissen?
Vielleicht erfährt man irgendwann
von manch Geheimnissen!

Und dieser Trick ist schon viel wert,
das wissen grad die Alten.
Denn wer nur „ab und zu" was hört,
der kann viel mehr verwalten!

Mülltrennung

Im Ofen drin der Kuchen bäckt,
die Hausfrau ist zufrieden.
Jetzt muss bloß noch der Abfall weg
und das wird sie auch noch kriegen.

Da ist sie nämlich sehr penibel,
sie kennt sich aus mit Müll sortieren.
Weiß sehr wohl um jedes Übel.
Also: Zuckertüte zu Papieren,
Eierschalen in Bioeimer.
Plastik in die gelbe Tonne
und so geht es weiter.
Das Sortieren ist nicht „ohne"!

Endlich hat sie es geschafft,
genießt noch eine Tasse Tee.
Doch ganz langsam wird sie blass:
-     Der Teebeutel, oh je!
Eigentlich müsst sie den trennen,
den Beutel von der Schnur.
Nur, kann das jemand noch erkennen,
bei diesem Chaos pur?

Und die Vernunft wird erster Sieger,
das Ding fliegt in den Restmüll rein.
„Nur heute!" Sie tut das bestimmt nicht wieder!
-     Doch das soll kein Versprechen sein.

Die Sammelleidenschaft

Es ist die Leidenschaft, die sie befällt,
all die Sammler auf der Welt.
Denn wenn das Fieber sie gepackt,
gehn sie mit Eifer auf die Jagd.

Ob Briefmarken, ob Zinnfiguren,
ob Münzen oder alte Uhren,
ob schöne Puppen, Schmetterlinge,
oder auch kuriose Dinge,
es ist des Sammlers einzig Glück.
Und er liebt auch jedes Stück!

So scheut er weder Geld noch Zeit,
auch ist er jederzeit bereit,
mal eine Rarität zu kriegen.
Denn ein jeder möchte siegen.

Der Laie steht nur dumm daneben,
betrachtet sich des Sammlers Streben.
Und er denkt sich so im Stillen:
Um Himmels willen,
hoffentlich steckt das nicht an!
- Was mach ich dann?

<u>**Das unentbehrliche Kostüm**</u>

Ein Kostüm gibt es, ganz wunderbar,
mit feinen Fäden gut gewebt,
und außerdem noch unsichtbar!
Kaum einer, der dies recht versteht.

Denn das Kostüm ziehst du nicht an,
nein, es ist ganz in dir drin.
Es wirkt und funktioniert auch dann,
wenn nicht verstanden wird der Sinn.

Kaufen kannst das Kostüm du nicht,
es gehört zu deinem Leben,
wie die Nase im Gesicht.
-      Nur anders eben.

Aus Nervenfäden dick und dünn
ist das Kostüm stabil gewebt.
Mit dem ganz bestimmten Sinn,
dass nicht so schnell ein Riss entsteht.

Wenn doch mal reißt ein zarter Faden,
lernst du alsbald das Binden,
dich auch mit krummen und geraden
Stücken gut zurecht zu finden.

Weil nun ein jedes Lebewesen
nur ein Kostüm für sich bekam,
solltest du`s pflegen, hegen
und die „Haltbarkeit" bewahr`n.

<u>**Armer Reißverschluss**</u>

Ach, heute kann ich einfach nicht!
So dachte sich ein Reißverschluss
und zeigte halb nur sein Gesicht.
Doch schon kam der Verdruss!

Es wurd gezerrt und wurd gezogen,
der Reißverschluss blieb stur.
Erst mit der Zange, ungelogen,
ward sein Wille ihm gebrochen! - Nur:
Der Reißverschluss war jetzt defekt!
Sehr schnell kam ein Ersatz daher,
der alte in den Müll gesteckt.

Ja, so ein Reißverschluss hat es schon schwer!
Er wird im Leben oft zerrissen
und wenn er einmal nicht mehr kann,
dann wird er einfach weggeschmissen.
 - Ist so ein Leben nicht beschi...?

Die Bitte

Komm, Schutzengel flieg!
Es ist Krieg.
Find die schlimme Stell,
aber bitte, bitte schnell!
Bring viele deinesgleichen mit.
Die Menschen haben keinen Tritt,
viele sind schon dumm und wirr
und ihre Augen irr.

Komm, Schutzengel, pass gut auf,
auf der Menschen Lebenslauf.
Damit auf dieser Erde
endlich Frieden werde!
Guter Schutzengel flieg
gegen den Krieg.

Fliesenmuster

Die kleine Fliese zu der andern spricht,
warum klebst du denn hier nicht?
Die andre darauf sagt,
weil ich heute mal nicht mag!
Ich möchte gerne schief nur bleiben
und das den anderen auch zeigen.

Frühmorgens kommt der Fliesenmann,
genau schaut er die Fliesen an.
Er sieht die krumme Fliese kleben,
überdenkt sein eifrig Streben.
Macht nun die Reihe andersrum
und die folgenden dann krumm,
damit sich die Struktur versetzt.
Der Hausherr aber ist entsetzt!
Doch als er vor die Wand sich stellt,
ihm das Muster doch gefällt!

Hat dieser kleine Fliesenstein
verändert gar ein groß Design?
Das sollt zu überlegen sein!

Das Fußballspiel

Tor, Tor, Tor und noch ein Tor!
Man ist gescheiter wie zuvor.
Jeder weiß es ganz genau,
dieses Spiel, das war die Schau!
Die einen schimpfen fürchterlich
und die andern freuen sich.
Doch das hält sich meist die Waage.
Des einen Sieg, des andren Klage.

Trotzdem, ist das nicht ungerecht?
Obwohl die Männer spiel`n nicht schlecht,
könnten sie, für alle Fälle,
brauchen bestimmt noch drei, vier Bälle.
Nur, dann wäre wohl die Spannung weg
und das ist ja grad der Gag!
Auch wollen die Vereine steigen,
in dem Bundesliga-Reigen.
Und um die Fußballspieler selber
fließen zudem hohe Gelder!

Ja, wer das nun nicht verstehen kann,
der ist und bleibt ein armer Mann.

Hoher Preis

Die Zähne und die Haare,
die haben was gemein.
Meist sind sie nicht das Wahre,
so wie sie sollten sein.

Haare färben, Zähne bleichen,
das findet man normal.
Tut auch noch die Jugend weichen,
dann wird es ganz fatal!

Gut haben es die Alten!
Die Zähne raus, Perücke runter,
da kann man Schönes gut erhalten.
Kein Wunder, wenn sie munter.

Doch meistens trügt der Schein,
denn billig ist er nicht, der Wandel.
Umsonst sind nur die Zipperlein!
Gesundheit steht jetzt hoch im Handel.

Es ändern sich die Zeiten?
Das ist sehr selten wahr.
Man wechselt nur die Seiten
und dann wird vieles klar!

Webkunst

Der Mai, der kann gut weben,
er macht das richtig gern.
Es ist ihm inniges Bestreben
zu dienen seinem Herrn.

So webt er immer jedes Jahr
seinen Fleckenteppich neu.
Sattes Gelb, so rein und klar
spendiert der Raps ihm treu.

Ein Grün in ganz verschiednen Tönen,
mit bunten Tupfen zwischendrin,
ihm Wies und Wälder löhnen.
Auch war von erstem Anbeginn,
das Braun der Erde mit dabei.

Der Teppich wird schön ausgebreit`
vom Wonnemonat Mai.
Wenn alle Jahr es ist soweit,
sich jeder daran freut!

Weltpolitik - Ähnlichkeit

Schauen, wie die Waschmaschine läuft,
ihr Inneres das Wasser säuft.
Chaos in der Trommel ist ,
  - und wieder wird ein Strumpf vermisst.

Doch: Hauptsache die West` ist rein!
  - So ist das Sein.

Ein gebrauchter Tag

Wie verhext ist mancher Tag.
Frühmorgens stellt sich schon die Frag`
wo der Kaffee ist hingekommen.
Wer hat den letzten Rest genommen?
-      Nun ja, dann gibt es eben Tee!
Wirst du da wach? Nee!
Und so geht es weiter,
Auch dein Chef ist heut nicht heiter.

Heimwärts stehst du noch im Stau.
Jetzt weißt du aber ganz genau,
du freust dich nur noch auf zu Haus.
Doch da kommt der nächste Graus!
Das Abendessen – angebrannt.
Nein, dieser Tag wird umbenannt!

Spätabends fällst du in den Sessel rein,
lässt alle Viere grade sein
und denkst dir so im Stillen:
Dieser Tag, gleich wider Willen,
war nicht neu! Der war gebraucht!
Und dein Dackel denkt das auch.

Die Computergeschichte

Der Computer ist auf die Welt marschiert,
von Menschen gemacht, von Menschen erzogen.
Ganz frech hat er gleich ungeniert
der Menschen Hirn sich reingezogen.

Sie wissen deshalb nicht mehr viel
und müssen den Computer fragen.
Für den ist es ein leichtes Spiel,
er kann fast alles ihnen sagen.

Doch manchmal tritt er in den Streik
und lässt sich nicht mehr motivieren.
Den Menschen wird dann zu der Zeit
bewusst, was sie noch kontrollieren.

Zuweilen wird er auch schwer krank,
wenn schlimme Viren aus den Netzen
besetzen seinen Speicherschrank.
Die Welt bemerkt dies mit Entsetzen!

Ist der Computer alt und schwach,
weil seine Arbeit gar so schwer,
gibt es für ihn kein Weh und Ach:
Sein Gnadenbrot, es tröstet sehr!

Den kleinen Menschlein darf er zeigen,
was er im Alter doch noch kann.
Nach seinem End, nicht zu verschweigen,
er noch Organe spendet dann.

Überall passieren solch Geschichten.
Doch der Computer stirbt nicht aus,
-      „mitnichten"!

Der verliebte Computer

Wann kommt sie denn nun endlich wieder?
Wo ich doch solche Sehnsucht leide!
Ich schreibe lauter Liebeslieder,
denn sie ist meine Augenweide.

Wenn sie mit ihren Händen schnell,
zart über meine Tasten gleitet,
habe ich schon generell
beim Konzentrieren Schwierigkeiten.

Gut, dass ich mich so beherrschen kann
und als Computer Spitze bin!
Kürzlich kam als Ersatz ein Mann
und setzte sich so vor mich hin.

Ein Jüngling war`s, mit Sommersprossen.
Wo blieb bloß meine Britta?
Die Arbeit hab ich nicht genossen.
Nein, so was war noch nie da!

Heute soll sie wiederkommen,
hat mein Nachbar so gehört.
Ich bin vor Freude ganz benommen.
Zuletzt war ich schon sehr verstört!

Da! – Die Tür geht auf, sie kommt herein:
Die ganze Frau ein Sonnenschein!
Sie ist wieder da!
Hurra, hurra!

Der Sündenzug

„Einmal Sünde und zurück!"
Würd` es solchen Fahrschein geben,
wäre das ein Riesenglück:
Ohne Risiko das Leben!

So eine Zugfahrt wäre Spitze.
Wir bräuchten uns nicht mehr genieren,
wenn Kollegen rissen Witze
und würden manches ausprobieren.
Wir wüssten alle, was wir wollten,
wären gar nicht zu bescheiden.
Genau das, was wir niemals sollten,
ging dann ohne Schwierigkeiten.

Die Sünden könnten wir „vergessen",
im Waggon, ganz hinten dran.
Niemand wüsst` wo wir gesessen
und kämen „brav" zu Hause an!

Bloß wurde es noch nicht gefunden,
das Gleis, auf dem zurück er kommt!
Doch mal ehrlich, unumwunden:
So mancher sich doch gerne sonnt
in zufriedener Gewissheit,
mal was angestellt zu haben,
wo es schon lange wurde Zeit!
Der kleine Zug mit „Sündenwagen"
hat keinen Rückwärtsgang.
Wohl wär´ es manchmal besser
für einen Neuanfang!

Die Seele

Sie bleibt ein Rätsel, ganz gewiss.
Man wird es nie recht klären.
Denn wenn sie mal verwundet ist,
schwebt sie in andren Sphären.
Sie kennt sich dann gar nicht mehr aus
und möchte nur entrinnen.
Die Meinung bildet sich dann draus:
So ein Mensch, der muss ja spinnen!

Gemeint ist damit der Verstand.
Doch halt, es ist die Seele, die verletzt!
Sie gehen beide Hand in Hand
und sind sehr dicht vernetzt.

Die Seele wird Geheimnis bleiben.
Unsichtbar und viel genannt.
Fragen gäb`s zum Zeit vertreiben!
Doch eines wurde klar erkannt:
Sie hat sich dem Verstand versprochen
und hält ganz fest zu ihm.
Wird nun brutal der Bund gebrochen,
find`t der Verstand nicht mehr den Sinn.

Drum: Sollten Menschen heimlich spinnen
oder auch ganz furchtbar laut,
dann find`t die Seele kein Entrinnen,
weil der Verstand sich nichts mehr traut.

Doch das Rettungsschiff kommt schnell,
zwar ist es öfter nur ein Floß.
Hauptsache nur, es ist zur Stell
und der Mensch find`t diesen Stoß,
Verstand und Seele zu vereinen.
Damit der Mensch nicht mehr so spinnt,
wenn`s wahre Freunde ehrlich meinen!

<u>**Der Traum**</u>

Nur zu gern möchtest du die Welt verändern,
bestimmten Leuten mal die Meinung sagen.
Dunkle Räume schmücken bunt mit Bändern
und Türen öffnen ohne fragen.

Möchtest mal was Extras leisten dir,
einfach tun, was immer dir tabu.
Barfuss laufen auf dem Dach mit ihr,
und mit dem Spatz auf du und du.

Wär`s nur ein Tag, er würde reichen.
Leider ist es bloß ein Traum.
Dem schnöden Alltag muss er weichen.
Doch einmal erklimmst du diesen Baum!

Du weißt es sicher, irgendwann
erfüllst du dir den Traum!
- Aber dann!!

<u>**Licht**</u>

Licht, Wärme des Lebens.
Ziel jeden Strebens.
Wo es nicht ist,
wird es vermisst.
Seelenbalsam, Wunderelixier.
Immer, jetzt und hier.

<u>**Rückzug**</u>

Oft ist die Welt so grau und öd
und manche Menschen sogar schlecht.
Da wäre ich doch ziemlich blöd,
wenn bunte Farben mir nicht recht.

So male ich mir meine Welt,
mein Häuschen an mit einem Pinsel
und viel Gefühl, wie`s mir gefällt,
ganz ohne Streit und groß Gewinsel.

Wenn mir nun manches kräftig stinkt,
dann kehr ich einfach wieder heim.
Schau, ob meine kleine Welt noch blinkt
und lass die große dreckig sein!

Glaubenssache

Wenn mal ein kleiner Wicht
dir recht viel verspricht,
so glaub ihm lieber nicht,
weil ihn bloß der Hafer sticht.

Verspricht ein großer Wicht dir viel,
misstraue seinem Spiel.
Er strebt nur an sein eigen Ziel
und macht dann einfach was er will.

Sind es der Wichte sogar mehr,
die groß Versprechen geben her,
so glaube dies auch nicht so sehr:
Denn Versprechen halten ist gar schwer!

Wanderbaustellen

Schau, schau, jetzt sind sie wieder da!
Auf Autobahnen fern und nah,
treten sie in Scharen auf,
und stören den Verkehr zuhauf.

Es ist jedes Jahr das gleiche:
Stellt der Frühling seine Weiche,
ist der Asphalt vom Eise frei,
sind sie ganz vorne mit dabei.
Die Leute bauen Straßen, flicken Löcher,
schuften, schwitzen noch und nöcher,
Ist die Arbeit dann geschafft,
gehen sie auf die Wanderschaft
und suchen sich `ne neue Stelle.
Komisch ist auf alle Fälle:
Wird die Arbeit nicht getan,
fängt man gleich zu schimpfen an.
Sind sie eifrig bei der Sache,
ist auch nicht recht das "Rumgemache"!
Sie können machen was sie wollen:
Nie sind sie da, wo sie sein sollen.

Drum, wandern ist der Baustellen Lust,
und des Autofahrers Frust.
Täglich man vor ihnen warnt,
wenn Wanderbaustellen sind enttarnt!

<u>**Aber - wenn**</u>

Die zwei Wörtchen "wenn" und "aber"
man einzeln gut gebrauchen kann,
jedoch zusammen gibts Gelaber
und das versteht nicht jedermann.

Denn meistens bei Problemen,
gibts eine Diskussion
und da gefallen jedem
die kleinen Wörtchen schon.

Drum bleibt man auch beim alten
"wenn und aber, aber wenn",
will sie liebend gern behalten;
Höchstens: "Wenn aber - wenn"!

<u>Hosentaschenschätze</u>

Meistens ausgebeult und schäbig,
furchtbar wichtig, manchmal klebrig
sind der Kinder Hosentaschen.
Leider muss man sie auch waschen.
Verwundert ist die Mutter nicht,
kommt der Inhalt dann ans Licht.
Kennt sie doch ihren lieben Fratz,
weiß um den Hosentaschenschatz.

Nägel, Schrauben, große, kleine,
Schusser, Federn, Zaubersteine,
Kaugummi, Knöpfe, Glitzerringe,
eben lauter nützlich Dinge.
Ein schöner Käfer in der Dose
gehört bestimmt in jede Hose!
Reste vom Pausenbrot, ganz trocken,
für Enten wohl ein guter Brocken.

Der Inhalt mancher Wundertüte,
 - weg? Nein! "Du meine Güte!"
Die Mutter übt sich in Geduld,
schließlich ist nicht ihr Sprössling schuld.

Die Gene sind`s, der Vorfahren,
der Überlebenskampf der Ahnen.
So brauchen Kinder immer alles:
Man kann nie wissen, im Fall des Falles!

Überwindung

Malen, schreiben, wenn man nicht reden kann,
damit den richtigen Gedanken folgen Taten dann.
Welche immer weiter ranken über Zäune, Wälle,
die nur genieren.
Um dann an dieser Stelle zu erblühen.

Der Regenwurm
(Klein aber fein)

Nach dem Regen und dem Sturm
gräbt ein kleiner Regenwurm
sich durch den nassen Sand
am Straßenrand.

Kleine Häufchen so entstehen.
Man sieht sie beim Spazieren gehen
wenn`s geregnet hat
im "Straßenwatt".

Gut wär` es da auf jeden Fall,
aufzupassen überall,
auf diese kleinen Häufelein.
Das wär` fein!

Es könnte doch daneben
so ein Würmlein eben
bangen um sein Leben!

"I und A"

Das "i" war neidisch auf das "a",
denn das klang so wunderbar.
Beim "i" hieß manchmal es "igitt",
was gleichbedeutend doch wie "Schidt".

So ging das "i" gleich zu dem "j"
und jammerte "oh Jott, oh Jott"!
Das hat das "h" ganz aufgeregt,
drum zeigte es dem "i" den Weg.

"H" führte "i" auf eine Wiese,
da war ein Esel namens Liese.
Als der die beiden kommen sah
rief er freundlich gleich "i-a"!

"i" und "a" aus Esels Munde,
machte im Alphabet die Runde.
Schnell hat das "i" das auch kapiert
und sich ganz fürchterlich geniert.
Ging leis zu seiner Stelle heim
und wollte nie mehr neidisch sein!

Herbst

Wenn dunkle Wolken am Himmel droben zieh´n,
Sturm den Regen durch die Straßen peitscht,
die Menschen in die Häuser flieh´n.
"So ein Wetter ist nichts gscheit´s",
wird sachkundig dann festgestellt.
 - Es ist der Herbst gekommen,
von niemanden bestellt
und trotzdem angenommen.

Denn er hat auch schöne Seiten.
Wenn die Sonne wieder lacht,
sieht man sie von aller weitem:
Die herbstlich bunte Blätterpracht!
Sie ist der Landschaft schönste Zier.
Und außerdem und überhaupt
bekommt man nun den Lohn dafür,
wenn man im Sommer was getaugt.

Doch vieles kriegt man auch umsonst.
Wird jetzt die Ernte eingefahren,
erkennt man bald des Petrus Gunst.
So soll, wie auch in all den Jahren,
der Herbst des Sommers Abschied sein,
damit der Winter kommen kann.
Jahrs drauf zieht dann der Frühling ein,
 - und alles fängt von vorne an.

<u>**Kunst**</u>

Über die Kunst nur ein Gedicht?
Ist das nicht etwas zu banal?
Was schreibt man da und was wohl nicht?
Was ist nur gut und was genial?
Das Wort kann man doch buchstabieren.
Es wäre eine Möglichkeit
einmal anders zu probieren,
was die Kunst hält so bereit.

Das K steht wohl für großes Können,
mit viel Geschick gepaart.
Was sollte man sonst Kunst benennen,
als diese ganz besondere Art?

Beim U ist auch so manches wichtig.
Welches Wort steht da wohl Pate?
Utensil wär vielleicht richtig,
das braucht der Künstler alle Tage.

Betrachten wir nun mal das N !
„ Normalität" es nicht sein kann.
So was lässt man auch nicht gelten.
Da steht die „Not" jetzt ihren Mann.
Aus mancher Not wird Kunst geboren,
die aus Zweifeln Hoffnung macht.
Es ist die Menschheit nicht verloren,
solange ihr die Kunst noch lacht.

Das S kommt jetzt als nächstes dran.
Salz ist da wohl das beste Wort.
Was fing man ohne Würze an?
Und Kunst „würzt" ja so manchen Ort.

Für`s T lässt sich die Treppe finden.
Sie ist der Kunst recht zugetan.
Am Anfang steht der Künstler unten,
aber fängt er erst das Steigen an,
da wird ihm schon mal schwindelig.
Nur das Geländer hält ihn fest.
Wenn es gut ist und nicht wackelig,
besteht der Künstler jeden Test!

Wenn man nun S und T zusammennimmt,
drängt sich gleich das Staunen auf.
Denn wer die Treppe gut beginnt,
kommt aus dem Staunen nicht mehr raus.

Buchstabiert ist nun die Kunst.
Vielleicht hat sich etwas aufgehellt,
jener himmelblaue Dunst,
in dem schwebt die ganze Welt.

Die Verletzung

Es werkelt der Vater im Keller herum,
mit lautem Krach und viel Kawumm.
Plötzlich ein Schrei! Ganz fürchterlich.
Die Mutter lässt ihn nicht im Stich.
Sie kommt so schnell sie kann herbei.
  - Und noch ein Schrei!
Der Vater blutet an seiner Hand
und Mutter holt gleich den Verband.

Dem Kinde sagen sie Bescheid,
worauf dies in den Keller eilt.
Es schaut sich diese Stelle an,
damit es mehr verstehen kann.
Da, der Eimer Farbe steht ja noch.
Doch halt, im Eimer ist ein Loch!
Ganz heimlich, still und träge
tropft rote Farbe auf die Säge.

Als es das Kind dem Vater sagt,
diesen gleich kein Schmerz mehr plagt.
Schnell kommt der Verband herunter
und es grenzt fast an ein Wunder:
Nirgendwo ein Schnitt zu sehen!
Fast könnten sie es nicht verstehen,
wenn da nicht die Farbe wäre,
wodurch sich die Geschichte klärte.

So werkelt der Vater munter weiter
und ist vielleicht ein bisschen g`scheiter.

Das Hirngespinst

Was wäre, wenn die Wolken wären hart
und die Bergesgipfel weicher?
Wenn die Natur etwas gespart
und vieles wär ein bisschen gleicher?

Das gäb ein schönes Durcheinander!
Es würden die Berge sich biegen,
dass Wolken könnten nacheinander
vorsichtig darüber fliegen.

Doch wenn schwer die Wolken wären,
könnten sie dann fliegen?
Hinauf in lichte Atmosphären
und sich im Winde wiegen?

Und erst die armen Berge!
Wenn die Gipfel all herunterhingen!
Gleich wie erschöpfte Zwerge,
die ohne Zipfelmütze gingen.

"Gott sei Dank" ist es nicht wahr
und nur ein Hirngespinst!
Doch dabei wurd` mir vieles klar
und ich hab still gegrinst.

Mäuserisiko

Eine kleine graue Maus
schaut aus ihrem Loch heraus.
Sie möchte gerne gehen aus,
doch sie hat Angst im großen Haus.

Es heißt verhungern oder Risiko!
Diese Frage macht nicht froh.
Bei Mäusen ist das immer so,
drum rennt sie schnell zum Vertiko.

Da gibt es was zu schnabulieren.
Weil nicht Zeit ist zu verlieren,
tut sich die Maus auch nicht genieren
und frisst ganz schnell mit viel Begieren.

Gesehen hat das auch die Katze,
fängt gleich die Maus mit ihrer Tatze,
zerrt sie auf die Schlafmatratze
und frisst sie dann mit viel Geschmatze!

Ja, das ist das Risiko der Maus
und nun ist die Geschichte aus.

Der Gedanke und die Liebe

Als der Gedanke mal spazieren ging
traf er des Weg`s die Liebe,
mit der er ein Gespräch anfing,
wie es denn ging dem Triebe.

Der Trieb, das war der Liebe Ehemann.
Die Ehe war recht gut.
Sie stritten sich nur dann und wann
ob des Triebes Übermut.

Da nickte der Gedanke:
Ja ‚liebe Lieb`, du weißt es ja:
Zeig ihm doch zärtlich seine Schranke,
dann bleibt der Trieb dir immer nah.

Apropo, was machen denn die Kinderlein?
Wollt noch der Gedanke wissen.
Die studieren seltsame Innereien,
so was wie Seele und Gewissen.

Der Liebe und des Triebes Kinder
waren die Gefühle nämlich.
Da standen beide voll dahinter,
denn ohne wär`n sie ärmlich.

Wie geht es eigentlich denn dir?
Fragte die Liebe den Gedanken.
Schwindlig, doch kann ich nichts dafür,
nur selten muss ich wanken.

Das waren so die Neuigkeiten,
die die beiden sich erzählten.
Sie werden wohl noch Freunde bleiben,
auch wenn sie älter werden.

Die Nervenbank

Ein Königreich für ein Pfund Nerven!
Es darf auch sein ein Kilogramm.
Die würden meine Sinne schärfen
und etwas ruhiger wär ich dann.

Weil jeder gute Nerven braucht,
gibt keiner etwas ab.
Von der Arbeit meist geschlaucht,
froh, dass man welche hat.
Warum gibt`s keine Nervenbank,
so ähnlich wie beim Blut?
Denn liegen echt die Nerven blank,
dann wäre das doch gut.

Drum hab ich eben mal gefragt
bei der Behörde dort.
Da hat man einfach mir gesagt,
so was gäb es nicht am Ort.
Obwohl doch allgemein bekannt,
dass Beamte Nerven haben,
beteuerte man unverwandt,
man könnte mir nichts sagen.

So werde ich mich weiter mühen
und meine Nerven schonen.
Sie so richtig mal erziehen,
denn Stress darf sich nicht lohnen.
Doch sollte ich mal Nerven finden
und dazu auch noch viel,
werd ich das allgemein bekunden.
Dann geht es los das Spiel!

Ich gründe eine Nervenbank
und werde gleich was spenden!
Das gäbe einen Neuanfang,
gar nicht auszudenken!

Der Akkuschrauber

Muss ein Brett schnell an die Wand:
Der Akkuschrauber ist zur Hand.
Soll das Brett ans Brette ran:
Kommt der Akkuschrauber dran.

Bei den Geschenken für die Lieben,
wird der Akkuschrauber angetrieben.
Sogar dem weiblichen Geschlecht
ist der Akkuschrauber recht.
Jeder Haushalt, jede Werkstatt,
so einen Akkuschrauber hat.
Wir können viele tolle Sachen
mit dem Akkuschrauber machen.

Eigentlich sollt man ihn umbenennen
und als "Zauberschrauber" anerkennen.
Ein Leben ohne Akkuschrauber ? - Undenkbar!
Wie es wohl früher einmal war?
Der Akkuschrauber, unbekannt?
  - "Armes Land"!

Wir lieben unsern Akkuschrauber heiß und innig.
Und wehe, wenn man abtrünnig!
Dann gibt es keinen Budenzauber,
nicht ohne einen Akkuschrauber!

<u>**Das Kleid der Hecke**</u>

Damals, vor vielen hundert Jahren,
eine Hecke mal die Sonne bat,
denn die war weise und erfahren,
um einen ganz besonderen Rat.

Die Hecke wollte sich gern schmücken,
fast so schön wie eine Braut.
Und mit welchen guten Stücken
man so wunderschön ausschaut.

Verwundert nun die Sonne fragte,
was denn der Grund des Wunsches sei.
Darauf die Hecke schüchtern sagte:
Der Schein sei ihr zwar einerlei,
doch siegte oft die Eitelkeit!
Die Sonne konnte das verstehen
und gab gleich einem Strahl Bescheid
nach der Hecke mal zu sehen.

Als der Glanz die Erd erhellte,
die Morgennebel bald verschwanden,
krochen Spinnen aus der Kälte
um zu knüpfen die Girlanden.
In der Hecke ließen sich die Spinnen nieder
und webten Netze, ganz hauchfein.
Um und um und immer wieder,
es sollt ein schönes Kleid ja sein.

Weil die Fäden waren dünn,
schien das Kleid fast unsichtbar.
Ob das in der Sonne Sinn,
wirklich und auch richtig war?

Die Hecke wartete mit Bangen
auf den neuen, nächsten Tag.
Doch als dieser angefangen,
war das Kleid auch schon parat.

Denn weil der Spinnen Netze feucht,
von des Nebels Morgentau,
wurde ein Gewand erzeugt,
würdig eines Königs Frau.

Es glänzte herrlich in der Sonne,
wie ein Perlenkleid, so zauberhaft!
Die Hecke freute sich der Wonne,
dankte allen die`s geschafft.

Glücklich ist sie auch noch heute,
darf sie dieses Kleid anlegen.
Sichtbar nur für jene Leute,
die offnen Auges ihr begegnen.

Der Storch

Warum hat der Storch den langen Schnabel?
Er ersetzt ihm eine Gabel!
Und mit den Beinen hoch und dünn,
stakst er im Weiher her und hin,
um das Futter sich zu holen,
was sein Magen ihm befohlen.

Der Storch ist oft auch sehr begehrt,
weil er den Menschen was beschert.
Er bringt die kleinen Babys ihnen,
auch denen, die es nicht verdienen.

Egal! - Der Menschen Freud` ist riesengroß:
So ein Storch ist doch famos!
Es wird ihm einfach angedicht,
die Wahrheit interessiert da nicht.

Den Storch das überhaupt nicht kümmert,
weil lieber er am Nestbau zimmert.
Er zieht groß die kleinen Störche,
füttert emsig leere Bäuche.

Denn wenn der kalte Herbstwind weht,
es gleich ab in den Süden geht.
Sie fliegen in ein fernes Land.
Genaues Ziel ist unbekannt.

Es gibt ganz andre Märchen da,
auch mit dem Storch, dem Adebar.
Und im Frühling kommt er wieder,
lässt auf dem alten Horst sich nieder.
Er klappert fröhlich laut drauflos
und alles geht von vorne los.

<u>**Der Mantel des Schweigens**</u>

Es gibt den Mantel, der nicht wärmt,
obwohl er groß und dick.
Der Besitzer ist verhärmt,
wirkt manchmal auch verrückt.

Der Mensch trägt ihn nicht ganz allein,
mit einigen er teilt.
Und mag gar kalt der Mantel sein,
die Hitze sie ereilt.

Stark schwitzen und ein kalter Zug,
prompt folgt drauf die Erkältung.
Dann ist es irgendwann genug,
und erstattet wird nun Meldung.

Der Mantel wird nun abgelegt:
Zum Vorschein kommt gar manches,
was die Menschen sehr bewegt,
Verbrechen und auch Krankes.

Geschieht die`s alles möglichst bald,
kann noch geholfen werden.
doch manche Menschen bleiben kalt,
erkennen nicht Beschwerden.

Es wäre doch viel besser wohl,
der Mensch benutzt den Mantel nicht,
erfüllt gewissenhaft sein Soll,
denn dieser Mantel hat Gewicht.

Aus Schweigen ist er fest gewebt,
aus Lügen, Knöpf und Haken.
Und mancher der dies hat erlebt,
half auch schon mal beim Tragen!

Weihnachts-Einkauf

Aufgepasst, ihr lieben Leute!
Bei der Weihnachts-Einkaufsfreude.
Hier ein Neppchen, da ein Häppchen,
zwischendurch das Superschnäppchen.
Es ist doch einfach wunderbar.
Und das gibt es jedes Jahr!
Leider muss man noch gestehen,
passieren manchmal auch Versehen.

Angebote von den Extrasachen,
Die zudem noch viel Arbeit machen.
Wer hat zum werkeln schon die Muse,
Da kauft man lieber gleich `ne Bluse.
Das ist zwar teurer, doch im Trend,
den die Tante sicher kennt.

Am Weihnachtsabend die "Bescherung"!
Die Tante kommt mit der Belehrung:
"So eine Bluse hab ich schon,
bloß in einem andern Ton".
So! - Nach dem Fest Umtausch "hoch drei".
Diesmal ist man auch dabei!

Bis man hat Ersatz gefunden,
dauert es gar viele Stunden.
Gefrustet schwört man Stein und Bein:
Nächstes Jahr wird`s anders sein!

<u>**Schneetuch**</u>

Schnee, die Landschaft weiß,
gleich einem großen Seidentuch,
das im Sonnenlichte gleißt.
Der Wind, bei dem Versuch,
das Tuch umherzublasen,
wirft auf sehr hohe Falten,
die Baum und Stein umfassen,
als wollten sie sie halten.

Das Land erzählt sehr viel,
kannst du es sehen, hören,
von der Mutter mächtgem Spiel.
Leise, leise, nur nicht stören!

Ehrenbildnis

Ehre, wem Ehre gebührt
wird guten Glaubens festgestellt.
Die Ehre deckt, die Ehre ziert
und ist oft wichtiger denn Geld.

Wegen Ehre wird gelogen.
Wegen Ehre eingefordert.
Wegen Ehre wird verstoßen,
 - ja sogar gemordet!

Wurde sie nicht auserwählt,
menschlich` Größe einzurahmen?
Doch häufig nur der Rahmen zählt!
Und alles in der Ehre Namen.

Ob passt die "Größe" oder nicht;
spielt meistens keine Rolle!
Nur goldner Rahmen hat Gewicht.
 - So ist die Welt, die tolle.

<u>**Jahreswechsel**</u>

Das alte Jahr nimmt seinen Hut
und geht gebückt nach Hause.
Das nächste kommt mit frohem Mut
zwölf Monat ohne Pause.

Um dann nach dieser langen Zeit
auch wiederum zu gehen.
Ein anderes Jahr macht sich bereit.
Kannst du das recht verstehen?

Es könnten doch zwei Jahre sich
ganz wunderbar ergänzen.
Eins davon erfüllt die Pflicht.
das andre darf dann schwänzen.

Vielleicht, ja vielleicht ist es so.
Das alte wird ein neues Jahr.
Dieses macht dich jetzt schon froh,
das andere ist dann später da.

So wären nur zwei Jahr` im Spiel,
die sich verändern jedesmal.
Natürlich meinst du, es sind viel
und kommst auf eine große Zahl.

Egal, zähle nur ruhig weiter,
so, wie es immer war.
Du meinst, du bist gescheiter,
doch - was ist wirklich wahr?

Der Liebe Wind

Wind, sei doch bitte etwas leise,
wenn du spielst auf deiner Orgel.
Du weckst sonst ja auf diese Weise,
Gefühle, die ich gern verborgen.
Ein wenig Angst und Zittern
vor deiner großen Kraft,
vor tobenden Gewittern.
Schon oft hast du`s geschafft.

Ich weiß, drohen gehört gewiss dazu,
damit man dich erkennt.
Dann entscheidest du im Nu,
wann man Sturm dich nennt.
Es wäre schön, wenn`s leiser bliebe
und nicht so stürmisch würd`.
Ein bisschen Wind, auch bei der Liebe,
wohl niemand richtig stört!

Relativ

Im Wartezimmer saß ich drin,
vieles ging mir durch den Sinn.
Die Zeit wurd` lang und länger
und mir gar bang und bänger.

Nach einer Stunde "Ewigkeit",
war es endlich dann so weit.
Als der Doktor stellte fest,
mein Körper sei zwar nicht der best,
doch das wäre halb so schlimm,
nahm frohen Herzens ich es hin.

Am Abend dann bei uns daheim,
luden wir uns Gäste ein.
Einfach so, aus purer Freude,
denn wir mochten diese Leute.

Wir kamen dann auch schnell ins plauschen,
sahen nicht die Zeiger sausen.
Erst als es war nach Mitternacht,
die Zeit uns hatte ausgelacht.
Abends verging sie gar zu schnell
und morgens stand sie auf der Stell!

Obwohl wir theoretisch wissen:
Zeit ist relativ zu messen,
trickst sie uns immer wieder aus!
Ach - die Zeit und wir: "Ein Graus".

Aber warte nur du Zeit!
Irgendwann sind wir gefeit.
  - "Gegen die Zeit??"

Die Extra-Mischung

Die Omas und die Enkel sind eine Extramischung!
Grad wie die Tüte Bonbon`s für köstliche Erfrischung.

Die Oma darf die Enkel hüten,
eine wundervolle Tätigkeit.
Genau wie bunte Bonbontüten
mit zuckersüßer Köstlichkeit.

Doch all zuviel ist ungesund!
Ein kluger Mensch hat das gesagt.
Von Süßem wird man kugelrund
und die Liebe wird zur Plag.

Drum: Ob Oma, Enkel, Süßigkeit,
stets sollte man die Grenzen ziehen.
Wenn man zum Glücklichsein bereit,
wird gerne auch mal was verziehen.

Frankenfasching

Musik, zwo, drei, vier!
Es steht der Fasching vor der Tür.
Die verrückte Jahreszeit.
Nun ist es wieder mal soweit.

Die Franken müssen lustig sein
und bleiben deshalb nicht daheim.
Einmal im Jahr, das geht noch grade,
sonst würde es ja glatt zur Plage.

Ja, die Franken und ihr Temperament:
Kaum jemand, der es wirklich kennt.
Wir haben es ganz gut versteckt,
damit auch niemand sich erschreckt.

Doch wir Franken können lustig sein,
ob mit, ob ohne Frankenwein.
Dann trauen wir uns auch zu lachen,
wenn die Narren Späße machen.

Und auf uns Franken ist Verlass,
begreift man unser "wer, wie, was".
Sonst kommt der Spaß gleich in die Kist`
und wird auch gar nicht mehr vermisst.

Bloß am Fasching darf er raus,
schleicht sich vorsichtig ums Haus,
um dann mächtig loszulegen.
Die Franken ernst? - "Von wegen!"

Der Sturm

Wer arbeitet am schwersten,
sogar noch in der Nacht?
Lässt die Bäume bersten,
dass es nur so kracht,?

Er schuftet gern mit voller Kraft,
bekommt er auch kein Geld.
Wobei er flott zur Seite schafft,
was ihm den Weg verstellt.

Seine Freiheit ist ihm wichtig.
Was sich querstellt, wird verbannt.
Alles, außer ihm ist nichtig.
Schnell hat man ihn erkannt.

Es ist der Sturm, der diesen Wirbel macht.
Sobald er an die Arbeit geht,
da wird nicht mehr gelacht.
Nichts mehr an seiner Stelle steht,
hat er sein Werk vollendet.
Dann schleicht er müde sich davon.
Aufräumen? Das ist Zeit verschwendet!
- Und deshalb kriegt er auch nie Lohn.

Schneearznei

Die Flocken haben sich versammelt.
Damit die Erde nicht vergammelt
die weiße Decke ausgebreit´.
Drum hat es auch so viel geschneit.

Bloß, wir können nichts mehr finden:
Wo ist beim Auto vorn und hinten?
Da war doch mal ein großer Stein?
 - Autsch, mein Bein!

Es ist die "Schnee-Arznei" von der Natur:
Dreimal täglich räumen pur!
Da hat man einen Knochen-Job!
Doch die Figur, ja die wird top.

Die Arznei es mit viel Zucker gibt,
denn Winterfreuden sind beliebt.
Bei "Ski und Rodel gut!"
kommt ganz schnell der Übermut.
Und abends fällt man müd ins Bett.
So ein Spaß, der ist doch nett.

 - Ganz im Vertrauen,
und darauf kann man immer bauen:
Der Winter ist gleich doppelt schön,
kann man auch andere schippen sehen.

<u>Gedanken</u>

Die Gedanken sind frei,
so heißt ein Lied.
Und es bleibt dabei.
ich mache mit.

Gedanken schweben,
wo Sprache fehlt.
Bilder erleben,
die niemand erzählt.

Unerkannt nur,
allein und leise
geh ich die Spur
auf meine Weise.

Zwei Trümpfe

Ob mit zwanzig Jahren oder dreißig:
Alterssorgen? "Was weiß ich!?"
Doch geht es Richtung vierzig, fünfzig,
wirds beim Rententhema zünftig.

Wenn ich nicht mehr zur Arbeit muss,
ja, das wird ein Hochgenuss!
Leben pur, in vollen Zügen
und dazu noch Euro kriegen.

Ganz in Träumerei versunken
hör ich nicht der Leute unken.
"Wart, im Alter wirst du sehen,
musst du oft zum Doktor gehen".

Und wie es leider ist im Leben
hat sich so manches schon ergeben.
Es tut nun öfter alles weh:
Gelenke, Kreuz, der große Zeh.
Die schnellste bin ich auch nicht mehr.
"Scheibenkleister" das ist schwer!

Doch wenn ich alles überdenke:
Ich habe Trümpfe als Geschenke.
Damit misch ich im Lebensspiel
die Karten so wie ich es will.

Humor, so heißt die eine Karte,
mit der ich jedes Spiel erwarte.
Die zweite nennt sich Optimist,
mit dieser fast gewonnen ist!
So kann mir gar nichts mehr passieren,
hab ich solch Karten zum Parieren!
  - (Oder?)

Zahnphilosophie

Zuerst einmal da hast du keine.
Doch bald bekommst du sie geschenkt.
Und das sogar von ganz alleine,
noch bevor du richtig denkst.
Nur nach ca. sechs, acht Jahren,
musst du schon lernen zu verlieren.
Das Jammern kannst du dir gleich sparen,
du wirst davon nur wenig spüren.

Erst gibst du zwar die Alten her,
kriegst aber Neue dann dafür.
Und das fällt dir auch nicht schwer,
bloß manchmal brauchst du eine Tür:
Mit Klinke, Faden, großen Augen
harrst du der Dinge die da kommen.
Kannst du der Tür auch trauen?
-U-u-und zack! Schon ist er dir genommen.
Viel schöner, größer sind die Neuen.
Natürlich bist du stolz darauf.
Sagst allen wie sie dich erfreuen
und es macht dir gar nichts aus.

Das Kapitel so zu Ende geht.
Doch nach -zig Jahren dann,
ein andres nun im Raume steht.
Still gekommen, irgendwann.

Die Neuen hast du nun schon lange,
drum sind sie jetzt die Alten.
Bloß manchmal ist dir etwas bange,
wie lange sie noch halten.
Versuchst mit gutem Material, gar Gold,
zu retten, was zu retten ist.
Du zahlst ganz gerne diesen Sold,
wenn dein Lachen dir gewiss.
Denn diesmal wachsen keine nach!
Nicht einmal klitzekleine!
Schau nur am End beim Anfang nach,
dann weißt du was ich meine.

<u>**Der große Bruder**</u>

Unser aller großer Bruder
ist, so scheint es, der Computer.
Vieles kann man von ihm lernen,
wie die Fachleute so schwärmen.
Bei Spiel und Arbeit außerdem,
ist der Computer sehr bequem.

Kluge Leute haben ihn gebaut,
ihm ihr Wissen anvertraut.
Doch eines konnten alle nicht:
Es fehlt die Seele, das Gesicht!
 - Ein High-tech Computer
als der große Bruder?!

Ein großer Bruder könnte mich beschützen,
so dass böse Buben furchtbar schwitzen,
weil sie von ihm Haue kriegen!
Und ein Bruder würd` mich lieben,
mir gleich helfen in der Not.
Sich nicht stellen einfach tot,
wenn mal ein Fehler unterlaufen!
"So einen Bruder könnt ich kaufen!"

Doch der Weißheit letzter Schluss,
wohl doch für beide gelten muss:
Wer keinen großen Bruder hat,
ist von vornherein schachmatt!

Der gestresste Osterhase

Der Osterhase lebt gefährlich
und seine Arbeit ist beschwerlich.
Sobald beginnt der Frühling draußen,
muss der Osterhase sausen,
sich bei den Hühnern Eier holen.
Da kriegt er oft ganz heiße Sohlen!
Und dann erst noch Eier malen,
mit diesen vielen, vielen Schalen.
Die Hasenfrau hilft ihm dabei,
sonst wäre Ostern glatt im Mai.

Ist diese Arbeit dann getan,
kommt das Überbringen dran.
Ob mit Karren, Fahrrad, Trage,
"extra Vorsicht" gilt die Tage
für den gestressten Osterhasen!
An den Füßen gibt es Blasen
ist die Straße asphaltiert.
Und der Verkehr rollt ungeniert,
ohne Rücksicht auf Verluste.
Ach, ist der Hase außer Puste!
Doch nichts und niemand kann ihn hindern,
bringt er die Eier zu den Kindern.

"Auf Wiedersehn bis nächstes Jahr!"
Erst dann kommt wieder die Gefahr.
Danach verschwind`t der Osterhas`
ganz schnell zwischen Gebüsch und Gras.

Klug tut der Osterhase kund:
Zuviel Stress ist ungesund!

Osterhasenglaube

Gibt es den Osterhasen überhaupt?
Überlegte zweifelnd mal ein Bub,
Wusste, wenn er daran nicht glaubt,
das wär für ihn nicht gut.
Es gäbe keine Nestchen mehr
und keine leckren Süssigkeiten.
Die Patentante gäb nicht mehr
ihre berühmten Köstlichkeiten.

Nein! Ich glaube lieber dann
weiter an den Osterhasen,
und gleich noch an den Weihnachtsmann.
Nicht, dass die Mutter rümpft die Nase,
meint, jetzt wär ich ja schon groß
und könnte deshalb auch mehr leisten.
Oh jeh, da wär vielleicht was los!

Da bleib ich lieber bei dem Glauben
solang es irgend geht.
Den lass ich mir nicht rauben.
 - Ihr versteht?!

<u>**Die Topflappengeschichte**</u>

Ein Topflappen, schön bunt und klein,
wollte nicht mehr einsam sein.
Denn sein Partner, den er hatte,
verkohlte auf des Herdes Platte.

Drum hüpfte er gleich von dem Hacken,
um der Küche tschüs zu sagen.
Als er so durch die Wohnung strolchte,
ihm des Hauses Hündchen folgte.
Ui, da lief der Lappen schnell
Richtung Zimmers höchste Stell!
Doch etwas schneller war der Hund!
Nun schlug des Lappens letzte Stund.

Doch wurde er nicht aufgefressen,
am Lappen war kein Fleisch gewesen.
Zum Frauchen bracht` der Hund ihn lieber,
die freute sich da sicher drüber.
Weil noch ein langer Faden heil,
gehäkelt wurd` ein neues Teil.
Ein roter Faden kam dazu
und schnell entstand er neu im Nu:
Der Topflappen, schön bunt und groß.
Da gab die Hausfrau sich `nen Stoß:
Sie häkelte noch einen zweiten,
damit der eine nicht muß`t leiden.

Nun hingen beide wieder dort,
wo vorher ging der andre fort.
Und der Rest Faden von dem Stück
freute sich vor lauter Glück!

Marmor – Diskussion

Diskussion in allen Ehren.
Jede besser als ein Krieg!
Worte können Chancen mehren,
dass die Menschlichkeit obsiegt.

Es gab schon viele Schlachten, Fehden,
wo gut geholfen hätt` verhandeln.
Krieg verhindern durch klug` Reden,
statt Heimatland mit Blut verschandeln.

Denn jene, die den Krieg forcieren,
die sind meistens außen vor.
Können sehr gut auch kaschieren
und verschließen Aug und Ohr!

Ihr Herz, das ist aus schwerem Stein
und natürlich marmoriert.
Denn wie sollt` es anders sein,
wenn Marmor dekoriert!

Drum Diskussion in allen Ehren,
wenn`s ohne Dynamit noch geht.
Und den Marmorstein, den schweren,
zerstückeln, bis ein Kies entsteht!

Aus den Kieseln wachsen Blumen,
eine ganze Wiese voll,
die überall den Frieden rühmen.
- Wäre so etwas nicht toll?!

Altklug

Bäuchlings Klein-Lisa auf der Wiese lag,
das Ohr am Boden festgepresst.
Was für die Mutter, ohne Frag,
war der „starke - Nerven - Test".

Sie kam, so schnell sie konnt`, herbei,
ob auch wirklich nichts passiert.
Der Lisa war das einerlei,
sie meinte ungeniert:
„Ach Mama, sei doch bitte leise,
weil ich sonst gar nichts hören kann.
Du verdirbst auf diese Weise
mir noch das Lernen irgendwann."

Die Mutter baff! Vor lauter Staunen
erfüllte sie die Bitte nun.
Fragte nach, nur leise raunend,
was denn der Grund für Lisas Tun.
Ungeduldig die Erklärung klang:
„Mama, ich will das Gras doch wachsen hören,
damit ich viel vorherseh`n kann!
Drum darfst du mich jetzt nicht mehr stören!"

Aufklärung folgte auf dem Fuß.
Klein-Lisa war frustriert!
Es wäre doch ein Hochgenuss,
zu wissen was passiert!

„Dritte" Welt

Es wurde mir als Kind gelehrt,
wir haben nur die eine Welt.
Heute ist das wohl verkehrt,
von einer „Dritten" wird erzählt.
Bloß, wo ist nun diese Dritte?
Das möchte ich schon wissen.
Auf dem Globus in der Mitte,
oder ist das nicht bewiesen?

Doch nicht etwa Menschengruppen,
denen Wohlstand unbekannt?
Eingeordnet wie die Puppen
in den Wert und in den Stand.

Nun machte ich mich kundig,
leider ist das wirklich so!
Ich finde das so gar nicht pfundig
und es macht mich auch nicht froh,
dass die Geburt bestimmt den Stand,
ob man niedrig oder hoch.
Sind wir nicht in einer Hand?
Heute glaube ich es noch!

Wie ich auch denke oder grübel,
ich finde die Erklärung nicht.
Doch vielleicht ist dies das Übel:
Ich habe wohl die falsche Sicht!

Der Heuschreck

Eine kleine Heuschreckfrau
wusste immer ganz genau,
wann der Heuschreckmann
kommt heran.

Drum legte sie sich auf die Lauer
neben eine Gartenmauer.
Da kam der Heuschreckmann,
aber dann!

Er machte einen großen Sprung.
Die Heuschreckfrau, die schaute dumm!
Und der Heuschreckmann?
Der entkam!

<u>**Einkehr**</u>

Anna ist mal „in sich gegangen".
Neugierig und sehr gespannt
hatte sie gleich angefangen,
aufzuräumen den oberen Rand.
Denn ihrer Seele kleine Öffnung
war mit Alltagskram verstopft.
Doch es erfüllte sich die Hoffnung,
dass er sich lösen ließ, der Pfropf.

Nun stieg sie hinab eine Leiter,
gestrickt aus Gefühlen, Gedanken.
Immer tiefer, immer weiter,
überwand gar manche Schranken.
Als sie endlich angekommen,
in ihrem streng geheimen „Ich",
war sie schon etwas benommen,
denn es roch leicht moderig.
Ach, sie war schon lange nicht mehr da!
Warum, verstand sie heut nicht mehr,
bei dem, was sie nun wiedersah,
denn es beeindruckte sie sehr!

All diese schönen alten Schränke,
mit den Schubladen, den vielen.
Und außerdem noch Ruhebänke!
Am liebsten würde sie verweilen, spielen,
durchstöbern dieses Kämmerlein.
Doch wollte einen Schatz sie heben,
für sich, sei er auch noch so klein!
Vielleicht nur ein paar Körnchen eben.

Endlich fand sie nun ihr Kleinod
und bracht` es an den Tag.
Es zu behüten war Gebot!
Sie gab still, ganz ohne Frag`,
ein paar Körnchen davon her.
An Freunde, die das wichtig nahmen.
Und die schätzten so was sehr,
denn diese Körnchen waren Samen.

Weil optimal war, das Geschehen,
wurd` aus den Körnchen ein Gewinn!
Ganz langsam konnt` sie`s nur verstehen,
die Anna, diesen wunderbaren Sinn.

Gab sie, mit Güte und Verstand,
ein paar Körnchen davon weiter,
drückten Freunde ihr die Hand
und das Leben wurde leichter!

Anna war sehr froh darüber,
dass sie hatte das getan.
Und wurd` das Leben wieder trüber:
Sie wusste nun den Neuanfang!

Das Papierschiffchen

Eine Zeitung wurde ausrangiert
und zum Schiffchen degradiert.
Nichtsdestotrotz war es sehr stolz,
schwamm fast besser noch als Holz.
Bloß wie es ist, bei feuchtem Wasser:
Das Schiffchen wurde immer nasser.

Als nun ein Frosch in`s Schiffchen sprang,
gleich eine Jammerei begann!
„Kleiner Frosch, hüpf lieber weg,
sonst kriegst du einen Riesenschreck!"
Die Buchstaben, sie klagten sehr:
„Wir gehen bald unter im tiefen Meer!"
Das „Meer" war nur ein Bach und klein,
für`s Schiff jedoch, war`s wie der Rhein.

Dem Frosch tat nun das Schiffchen leid.
Drum machte er sich schnell bereit:
Ist an das Ufer hingeschwommen,
hat Schiff und „Mannschaft" mitgenommen!

So lag erschöpft es nun im Gras,
doch langsam dachte es sich was.
Jetzt war ich Schiff, nun bin ich Hut!
Auch der Frosch fand so was gut.
Nun konnt` der „Hut" den Frosch behüten
und beide waren sehr zufrieden!

<u>**Das Loch**</u>

Es war ein Loch mal in der Wand.
Ich hielt es zu mit meiner Hand,
weil sonst Wasser unverwandt
spritzte in mein Küchenland!

Da kam der Klempner angerannt,
mit Geselle und Verstand,
stopfte das Loch in meiner Wand.

Als mir die Rechnung wurd` bekannt,
zog ich in ein fernes Land,
wo der Klempner unbekannt,
weil da floss nur feiner Sand!

Rätselhaft

Hurra, es funktioniert!
Bloß keiner weiß wieso.
Viele haben rumprobiert,
doch jetzt sind alle froh.

Denn, dass das Ding nun geht,
das ist ja wohl das Wichtigste!
Auch wenn es niemand recht versteht,
es ist fast wie „sechs Richtige"!

<u>**Verzweifelte Erde**</u>

Ich bin für sie die „Mutter Erde",
doch brav sind die Menschenkinder nicht!
Weder Drohung noch Beschwerde
helfen, wenn das Geld besticht.
Wohl schon zuviel hab ich gegeben
von meinen Werten, meiner Kraft.
Ob der Menschen gierig Streben,
bin strapaziert ich und geschafft!

Den Sturm zu Hilf` hab ich gebeten,
mit Wasser dieser sich verbündet,
der Menschen Reichtum zu zertreten.
Da mein Zorn ja wohlbegründet,
schick ich Fluten, Wirbelstürme
und oft erbeb` ich fürchterlich!
Zerstör Symbole, Status-Türme.
Damit sie wissen, das war „ICH"!

Ja ich, die Erde, bin in Aufruhr!
Nicht nur, dass die Menschen mich verletzen,
nein, sie stellen sich auch stur.
Drum sage ich jetzt voller Schmerzen:
Mich woll`n sie „Mutter Erde" nennen?!
Ihr Tun jedoch, ist nicht danach.
Sie sollten handeln, viel mehr rennen!
Sonst kommt ein schlimmes Ungemach!

Weihnachts-Glaube

Wenn die Bäume werden kahl
und Nebelgrau die Flur bedeckt,
wenn die Tage kurz und schal
wird das „Daheim" ganz neu entdeckt.

Süßer Duft durchzieht die Stuben,
nur Kerzenschein den Raum erhellt.
Ganz leise sind die Mädchen, Buben,
wenn ein Märchen wird erzählt.

Viele wären schon vergessen,
hätt' man sie nicht aufgeschrieben,
in Bücher, die vom vielen Lesen
schäbig sind und abgerieben.

Manchmal möcht' ich Kind noch sein
und glauben ohne Vorbehalt,
dass die Welt ist gut und rein,
befreit auch von gar schlimm' Gewalt!

Doch „alle Jahre wieder",
da darf ich sein ein Kind.
Ich singe Weihnachtslieder
und vertraue einfach blind!

Wenn jemand dies nicht will und kann,
soll auf das Christfest hoffen.
Dann, ob Kind, ob Frau, ob ganzer Mann,
singen all' die gleichen Strophen!